OS SonhOS refletem muitOS miStériOS. DescuBra os Seus.

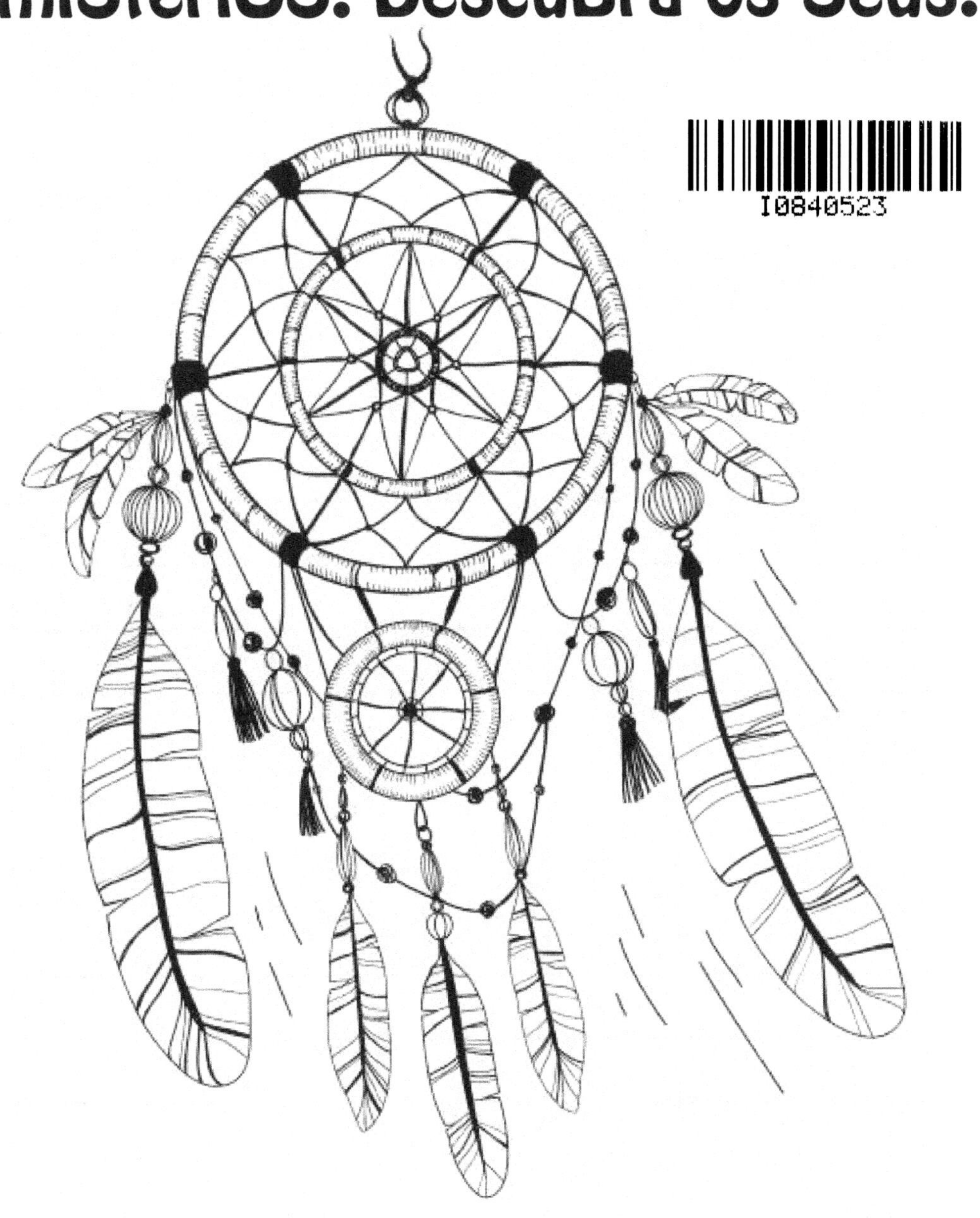

I0840523

Data _______________ Horário _______________

Meu último pensamento antes de ir dormir:

____

____

Descreva o Sonho

____

____

____

____

____

____

Como se sentiu?

____

____

____

O que significa?

____

____

____

Anotações

Data _____________ Horário _____________

Meu último pensamento antes de ir dormir:

____

____

Descreva o Sonho

____

____

____

____

____

Como se sentiu?

____

____

____

O que significa?

____

____

____

Anotações

Data ______________ Horário ____________

Meu último pensamento antes de ir dormir:

____

____

Descreva o Sonho

____

____

____

____

____

____

Como se sentiu?

____

____

____

O que significa?

____

____

____

Anotações

Data _____________ Horário _____________

Meu último pensamento antes de ir dormir:

____

____

Descreva o Sonho

____

____

____

____

____

Como se sentiu?

____

____

____

O que significa?

____

____

____

Anotações

Data _____________ Horário ____________

Meu último pensamento antes de ir dormir:

____

____

Descreva o Sonho

____

____

____

____

____

____

Como se sentiu?

____

____

____

O que significa?

____

____

____

Anotações

Data _______________ Horário ______________

Meu último pensamento antes de ir dormir:

____

____

Descreva o Sonho

____

____

____

____

____

Como se sentiu?

____

____

____

O que significa?

____

____

____

Anotações

Data _____________ Horário ____________

Meu último pensamento antes de ir dormir:

____
____

Descreva o Sonho

____
____
____
____
____

Como se sentiu?

____
____
____

O que significa?

____
____
____

Anotações

Data _______________ Horário _______________

Meu último pensamento antes de ir dormir:

____

____

Descreva o Sonho

____

____

____

____

____

Como se sentiu?

____

____

____

O que significa?

____

____

____

Anotações

Data ______________ Horário ______________

Meu último pensamento antes de ir dormir:

____

____

Descreva o Sonho

____

____

____

____

____

Como se sentiu?

____

____

____

O que significa?

____

____

____

Anotações

Data ________________ Horário ____________

Meu último pensamento antes de ir dormir:

____

____

Descreva o Sonho

____

____

____

____

____

Como se sentiu?

____

____

____

O que significa?

____

____

____

Anotações

Data _______________ Horário _______________

Meu último pensamento antes de ir dormir:

____

____

Descreva o Sonho

____

____

____

____

____

Como se sentiu?

____

____

____

O que significa?

____

____

____

Anotações

Data _____________ Horário ____________

Meu último pensamento antes de ir dormir:

____

____

Descreva o Sonho

____

____

____

____

____

Como se sentiu?

____

____

____

O que significa?

____

____

____

Anotações

Data _____________ Horário _____________

Meu último pensamento antes de ir dormir:

____

____

Descreva o Sonho

____

____

____

____

____

____

Como se sentiu?

____

____

____

O que significa?

____

____

____

Anotações

Data _______________ Horário _______________

Meu último pensamento antes de ir dormir:

____

____

Descreva o Sonho

____

____

____

____

____

Como se sentiu?

____

____

____

O que significa?

____

____

____

Anotações

Data _____________ Horário _____________

Meu último pensamento antes de ir dormir:

____

____

Descreva o Sonho

____

____

____

____

____

Como se sentiu?

____

____

____

O que significa?

____

____

____

Anotações

Data _______________ Horário _____________

Meu último pensamento antes de ir dormir:

____

____

Descreva o Sonho

____

____

____

____

____

Como se sentiu?

____

____

____

O que significa?

____

____

____

Anotações

Data _______________ Horário _______________

Meu último pensamento antes de ir dormir:

____
____

Descreva o Sonho

____
____
____
____
____

Como se sentiu?

____
____
____

O que significa?

____
____
____

Anotações

Data _____________ Horário _____________

Meu último pensamento antes de ir dormir:

____

____

Descreva o Sonho

____

____

____

____

____

____

Como se sentiu?

____

____

____

O que significa?

____

____

____

Anotações

Data _____________ Horário _____________

Meu último pensamento antes de ir dormir:

____
____

Descreva o Sonho

____
____
____
____
____
____

Como se sentiu?

____
____
____

O que significa?

____
____
____

Anotações

Data ______________ Horário ______________

Meu último pensamento antes de ir dormir:

____

____

Descreva o Sonho

____

____

____

____

____

Como se sentiu?

____

____

____

O que significa?

____

____

____

Anotações

Data _____________ Horário _____________

Meu último pensamento antes de ir dormir:

____

____

Descreva o Sonho

____

____

____

____

____

Como se sentiu?

____

____

____

O que significa?

____

____

____

Anotações

Data ______________ Horário ______________

Meu último pensamento antes de ir dormir:

____

____

Descreva o Sonho

____

____

____

____

____

Como se sentiu?

____

____

____

O que significa?

____

____

____

Anotações

Data ______________ Horário ______________

Meu último pensamento antes de ir dormir:

____

____

Descreva o Sonho

____

____

____

____

____

Como se sentiu?

____

____

____

O que significa?

____

____

____

Anotações

Data _______________ Horário _______________

Meu último pensamento antes de ir dormir:

____

____

Descreva o Sonho

____

____

____

____

____

____

Como se sentiu?

____

____

____

O que significa?

____

____

____

Anotações

Data _______________ Horário _______________

Meu último pensamento antes de ir dormir:

____

____

Descreva o Sonho

____

____

____

____

____

Como se sentiu?

____

____

____

O que significa?

____

____

____

Anotações

Data _______________ Horário _______________

Meu último pensamento antes de ir dormir:

____

____

Descreva o Sonho

____

____

____

____

____

____

Como se sentiu?

____

____

____

O que significa?

____

____

____

Anotações

Data _____________ Horário _____________

Meu último pensamento antes de ir dormir:

____

____

Descreva o Sonho

____

____

____

____

____

Como se sentiu?

____

____

____

O que significa?

____

____

____

Anotações

Data ________________ Horário ____________

Meu último pensamento antes de ir dormir:

____

____

Descreva o Sonho

____

____

____

____

____

____

Como se sentiu?

____

____

____

O que significa?

____

____

____

Anotações

Data _____________ Horário _____________

Meu último pensamento antes de ir dormir:

____

____

Descreva o Sonho

____

____

____

____

____

Como se sentiu?

____

____

____

O que significa?

____

____

____

Anotações

Data _______________ Horário _______________

Meu último pensamento antes de ir dormir:

____

____

Descreva o Sonho

____

____

____

____

____

Como se sentiu?

____

____

____

O que significa?

____

____

____

Anotações

Data _______________ Horário _______________

Meu último pensamento antes de ir dormir:

____

____

Descreva o Sonho

____

____

____

____

____

Como se sentiu?

____

____

____

O que significa?

____

____

____

Anotações

Data _____________ Horário _____________

Meu último pensamento antes de ir dormir:

____

____

Descreva o Sonho

____

____

____

____

____

Como se sentiu?

____

____

____

O que significa?

____

____

____

Anotações

Data ______________ Horário ______________

Meu último pensamento antes de ir dormir:

____

____

Descreva o Sonho

____

____

____

____

____

Como se sentiu?

____

____

____

O que significa?

____

____

____

Anotações

Data _____________ Horário _____________

Meu último pensamento antes de ir dormir:

____

____

Descreva o Sonho

____

____

____

____

____

____

Como se sentiu?

____

____

____

O que significa?

____

____

____

Anotações

Data _______________ Horário _______________

Meu último pensamento antes de ir dormir:

____

____

Descreva o Sonho

____

____

____

____

____

Como se sentiu?

____

____

____

O que significa?

____

____

____

Anotações

Data _______________ Horário _______________

Meu último pensamento antes de ir dormir:

____

____

Descreva o Sonho

____

____

____

____

____

Como se sentiu?

____

____

____

O que significa?

____

____

____

Anotações

Data ___________ Horário ___________

Meu último pensamento antes de ir dormir:

____

____

Descreva o Sonho

____

____

____

____

____

Como se sentiu?

____

____

____

O que significa?

____

____

____

Anotações

Data _____________ Horário _____________

Meu último pensamento antes de ir dormir:

____

____

Descreva o Sonho

____

____

____

____

____

____

Como se sentiu?

____

____

____

O que significa?

____

____

____

Anotações

Data _____________ Horário _____________

Meu último pensamento antes de ir dormir:

____

____

Descreva o Sonho

____

____

____

____

____

Como se sentiu?

____

____

____

O que significa?

____

____

____

Anotações

Data _____________ Horário _____________

Meu último pensamento antes de ir dormir:

____

____

Descreva o Sonho

____

____

____

____

____

Como se sentiu?

____

____

____

O que significa?

____

____

____

Anotações

Data _____________ Horário ____________

Meu último pensamento antes de ir dormir:

____

____

Descreva o Sonho

____

____

____

____

____

Como se sentiu?

____

____

____

O que significa?

____

____

____

Anotações

Data _____________ Horário _____________

Meu último pensamento antes de ir dormir:

____

____

Descreva o Sonho

____

____

____

____

____

____

Como se sentiu?

____

____

____

O que significa?

____

____

____

Anotações

Data _____________ Horário _____________

Meu último pensamento antes de ir dormir:

____

____

Descreva o Sonho

____

____

____

____

____

Como se sentiu?

____

____

____

O que significa?

____

____

____

Anotações

Data _____________ Horário _____________

Meu último pensamento antes de ir dormir:

____

____

Descreva o Sonho

____

____

____

____

____

Como se sentiu?

____

____

____

O que significa?

____

____

____

Anotações

Data _______________ Horário _____________

Meu último pensamento antes de ir dormir:

____
____

Descreva o Sonho

____
____
____
____
____

Como se sentiu?

____
____
____

O que significa?

____
____
____

Anotações

Data ______________ Horário _____________

Meu último pensamento antes de ir dormir:

____

____

Descreva o Sonho

____

____

____

____

____

Como se sentiu?

____

____

____

O que significa?

____

____

____

Anotações

Data ______________ Horário ______________

Meu último pensamento antes de ir dormir:

____

____

Descreva o Sonho

____

____

____

____

____

Como se sentiu?

____

____

____

O que significa?

____

____

____

Anotações

Data _____________ Horário _____________

Meu último pensamento antes de ir dormir:

____

____

Descreva o Sonho

____

____

____

____

____

Como se sentiu?

____

____

____

O que significa?

____

____

____

Anotações

Data _____________ Horário _____________

Meu último pensamento antes de ir dormir:

____

____

Descreva o Sonho

____

____

____

____

____

Como se sentiu?

____

____

____

O que significa?

____

____

____

Anotações

Data _____________ Horário _____________

Meu último pensamento antes de ir dormir:

____

____

Descreva o Sonho

____

____

____

____

____

Como se sentiu?

____

____

____

O que significa?

____

____

____

Anotações

Data _____________ Horário _____________

Meu último pensamento antes de ir dormir:

____

____

Descreva o Sonho

____

____

____

____

____

Como se sentiu?

____

____

____

O que significa?

____

____

____

Anotações

Data ______________ Horário ______________

Meu último pensamento antes de ir dormir:

____

____

Descreva o Sonho

____

____

____

____

____

Como se sentiu?

____

____

____

O que significa?

____

____

____

Anotações

Data ______________ Horário ______________

Meu último pensamento antes de ir dormir:

____

____

Descreva o Sonho

____

____

____

____

____

Como se sentiu?

____

____

____

O que significa?

____

____

____

Anotações

Data _____________ Horário _____________

Meu último pensamento antes de ir dormir:

____

____

Descreva o Sonho

____

____

____

____

____

Como se sentiu?

____

____

____

O que significa?

____

____

____

Anotações

Data ______________ Horário ______________

Meu último pensamento antes de ir dormir:

____

____

Descreva o Sonho

____

____

____

____

____

____

Como se sentiu?

____

____

____

O que significa?

____

____

____

Anotações

Data _______________ Horário _______________

Meu último pensamento antes de ir dormir:

____

____

Descreva o Sonho

____

____

____

____

____

Como se sentiu?

____

____

____

O que significa?

____

____

____

Anotações

Data _____________ Horário _____________

Meu último pensamento antes de ir dormir:

____
____

Descreva o Sonho

____
____
____
____
____

Como se sentiu?

____
____
____

O que significa?

____
____
____

Anotações

Data _____________ Horário _____________

Meu último pensamento antes de ir dormir:

____

____

Descreva o Sonho

____

____

____

____

____

Como se sentiu?

____

____

____

O que significa?

____

____

____

Anotações

Data _____________ Horário _____________

Meu último pensamento antes de ir dormir:

____

____

Descreva o Sonho

____

____

____

____

____

____

Como se sentiu?

____

____

____

O que significa?

____

____

____

Anotações

Data _____________ Horário ___________

Meu último pensamento antes de ir dormir:

____

____

Descreva o Sonho

____

____

____

____

____

Como se sentiu?

____

____

____

O que significa?

____

____

____

Anotações